Weg ins Darknet

und

Im Darknet

‚Herr Meier'

WIDMUNG

Gewidmet Allen, die gegen eine unsägliche Überwachung
kämpfen möchten.

INHALT

DANKSAGUNG

Danke allen Lesern für das Interesse und den Erwerb dieses Büchleins.

Vorwort

Das 'schreckliche' Darknet !!!

Sie müssen lachen? - Ich auch. Doch genau so wird es gern gesehen, beziehungsweise will es von manchem Zeitgenossen der schreibenden Zunft gesehen oder zumindest dargestellt werden.

Warum? Nun, die Sensation ist nur gegeben, wenn etwas schrecklich, monströs, übernatürlich ist.

Sensation soll und muss es geben, da damit eben mehr Geld verdient wird.

Aus Sicht der Staats-Organe sieht die Sache noch etwas anders aus: Schreckliches kann und muss überwacht werden. Verboten können manche Dinge nicht werden, das sie eben entweder nicht zur Gänze verstanden sind und auch, weil man die weniger belesenen Nutzer der verbotenen Sache so früher oder später aus dem Verkehr ziehen kann, indem man ihnen **Fallen stellt**, wie es eben im Darknet auch zur Genüge gehandhabt wird.

Darknet. Warum eigentlich heißt das Darknet so? Weil man im Dunkeln verbotene Dinge macht?

Weil das Dunkel unheimlich wirkt und abschrecken soll? Wieder sehe ich denselben Grund bei dieser Namensgebung. Dunkel, schwarz, Untergrund. Alles Begriffe, welche eine negative

Bedeutung suggerieren sollen. Warum? Warum kann das Darknet nicht Freenet heißen, gibt es doch manchen Menschen erst die Freiheit, sich anderen Menschen mitzuteilen und der Überwachung durch einen totalitären Staat zu entgehen. Totalität sind natürlich immer nur die Anderen.... Bei uns sieht die Sache freilich ganz anders aus, nicht wahr.....???

Oh ja, sie sieht ganz anders aus. In genannten **'totalitären'** **Staaten** wissen die Menschen, dass sie überwacht werden. Bei uns wissen das die Wenigsten. Die wenigsten Menschen ahnen, warum ihnen **Microsofts Windows** geradezu aufgedrängt und schmackhaft gemacht wird. Ich wage, vorauszusagen, dass man, sollten die Menschen doch irgendwann beginnen, zu **Linux** in großem Stil überzulaufen, Windows gar kostenlos erhalten wird. Die Regierungen werden es finanzieren. Warum? Wegen der Überwachung natürlich! Microsoft sowie drei herausragende Telefon- und Internet-Giganten in Deutschland (und Europa) haben eingewilligt, den jeweiligen Staatsorganen jede gewünschte Auskunft zu geben, sei dies nun konform mit der jeweiligen Gesetzeslage oder nicht.

Somit werden die Menschen in unserem Land eben nicht offen, sondern **heimlich ausgespäht.**

Deshalb ist das Darknet, das sich einer solchen Überwachung entziehen **kann**, also etwas Unerwünschtes, Böses und muss zur Abschreckung auch so genannt werden.

Sollten Sie zu den Menschen gehören, die durch den Titel dieses Buches auf eine weitere der bereits existierenden 'Sensationen' hoffen, so rate ich Ihnen: Legen Sie das Buch beiseite (oder kaufen Sie es erst garnicht, falls Sie durch eine Vorschau so weit gekommen sind) und lesen Sie stattdessen einen Krimi oder Horror-Roman. (Meinetwegen auch Spiegel oder Bild).

Hier erwarten Sie nur schnöde, harte Tatsachen und es soll mit einigen Phantasien und Vorurteilen aufgeräumt werden.

Sind Sie aber bereit, etwas über den meisten Menschen unbekannte Seiten des Internets zu lernen und auch dessen positive Seiten zur Kenntnis zu nehmen, so freue ich mich, Sie durch die Seiten dieses Bandes (**jedoch fern jeder Effekt-Hascherei**) zu begleiten.

Der Weg ins Darknet

Zunächst einmal eine Klarstellung: Viele nur auf Sensationen ausgerichtete Medien 'berichteten' in letzter Zeit 'aus gegebenem Anlass' über das Darknet. Dabei wurden Begriffe wie Darknet, Deep Web, Hidden Web munter durcheinander geworfen.

Die Bedeutung von Hidden und Deep Web können Sie jederzeit auch bei der Wikipedia oder anderen vernünftigen Seiten des Internets nachlesen. Hier nur soviel:

Das sogenannte Darknet ist nur ein kleiner Teil des Deep Web (Tiefes Netz auf Deutsch) und enthält tatsächlich auch Marktplätze für verbotene Dinge wie Waffen, Drogen, falsche Dokumente und so weiter und so fort.

Auf dieses Darkweb (und den Weg dorthin) wollen wir uns hier in diesem Büchlein konzentrieren.

Der Weg dorthin ist Ihnen mit Sicherheit zumindest schon vom Namen her bekannt. Sinnigerweise trägt er den Namen **TOR**.

Tor (bekannt auch unter Namen wie 'Onion' – die Zwiebel) ist ein Netzwerk, das Ihnen ermöglicht, in das Darknet zu gelangen. Der Name kürzt sich ab vom Begriff **'The Onion Router.'**

Wie bereits in meinem früheren Buch, möchte ich auch hier, anstatt unnütz viele Seiten zu füllen, wo immer es geht, sachbezogene Links anbringen, um den Preis des Buches moderat zu halten. Sehen Sie also den Artikel unter folgendem Link an, wenn Sie etwas über die nähere Funktionsweise von Tor selbst erfahren möchten:

http://www.computerbetrug.de/anonym-surfen/anonym-surfen-mit-tor

Ein weiterer Link führt zu Wikipedia:

https://de.wikipedia.org/wiki/Tor_(Netzwerk)

Es gibt mehrere Möglichkeiten, Tor zu verwenden, doch ich schlage hier vor, Tor nicht eigenständig zu verwenden, indem Sie es einfach auf Ihren üblichen Rechner laden, sondern benutzen Sie dazu die **Linux-Anwendung Tails.**

Hier der Link zum Projekt in deutscher Sprache:

https://tails.boum.org/doc/index.de.html

Warum Tails ? Tails kann Sie davor beschützen, dass Sie unwillentlich etwas auf Ihrem Computer speichern, was besser nicht gespeichert wäre, da Tails völlig unabhängig von Ihrem üblichen Betriebssystem zum Laufen gebracht werden kann.

Es kann auf CD gebrannt oder auf einem USB-Stick installiert werden und von da aus sogar auf einem Computer komplett ohne Festplatte betrieben werden. Letzteres würde ich sogar streng zuraten. Bauen Sie die Festplatte Ihres Computers aus und besorgen Sie sich eine Docking-Station für diese. So können Sie gewiss sein, dass Sie keine unliebsamen Daten sammeln. Die Dinge, welche Sie dennoch speichern wollen, können Sie auf einem USB-Stick unterbringen, der sich entfernt vom Computer aufbewahren lässt.

IP und Mac-Adresse. Ich möchte an dieser Stelle etwas abschweifen und ganz kurz einige Erläuterungen zu IP- und Mac-Adressen zu Papier bringen.

Vermutlich wissen Sie ohnehin schon, dass Sie durch Ihre IP-Adresse im Internet identifiziert werden, will sagen, dass zunächst einmal die IP erkannt wird, welche Ihr Internet-Anbieter Ihnen zu dieser Stunde zugewiesen hat. Über diesen Anbieter nun werden Behörden und amtliche Stellen erfahren, dass die IP eben Ihnen zugewiesen wurde, womit Sie also identifiziert sind.

So weit, so gut. Dass Tor eben genau diese IP verschleiern bzw. überdecken kann, indem es Ihnen andere IP's im Wechsel zuweist, haben Sie sicher auch bereits erfahren – falls nicht, machen Sie sich im Internet schlau über die genaue Funktionsweise. Es ist genügend Lesestoff vorhanden.

Nun zur Mac-Adresse: Diese Adresse ist quasi eine Erkennung, wie sie auch die Seriennummer verschiedener Geräte ist. Diese Erkennung wird nur innerhalb des jeweiligen Netzwerkes übertragen, in welchem Sie sich aufhalten und dient dazu, Ihr Gerät (Computer) in diesem Netzwerk zu identifizieren.

Nun ist es so, dass Tails diese Ihre Mac-Nummer in der Grundeinstellung verschleiert. Das ist gut so, da man Sie auf diese Weise nicht identifizieren kann, wenn Sie einmal mit gleichem Gerät in ein weiteres Netzwerk einloggen. Allerdings gibt es Fälle, in welchen Sie keinen Zugriff auf bestimmte Netzwerke haben werden, wenn Ihre Mac-Nummer verschleiert ist. Ebenso würde es keinen Sinn ergeben, in Ihrem eigenen Netzwerk daheim oder in der Firma, wo Ihr Gerät bereits bekannt ist, die Mac zu verschleiern, da ein Firmen-Administrator beispielsweise misstrauisch werden könnte, würde er mit einmal eine fremde Mac-Nummer in seinem Netzwerk finden.

Dies alles sollten Sie bedenken, wenn es um die jeweiligen Einstellungen von Tails geht und nicht einfach wild darauf losprobieren.

Tails ist recht gut dokumentiert und Sie sollten den oben bereits genannten Link unbedingt nutzen, um sich in die Materie einzuarbeiten, damit Sie nicht sinnlos herumstümpern, wie so viele Andere dies tun. Falls es die jeweiligen Umstände verlangen, könn Sie nämlich diese Verschleierung der Mac-Adresse wieder aufheben und so weniger auffällig unterwegs sein.

Eine weitere Frage: **Ist es möglich, zu verschleiern, dass man Tails verwendet?**

Es ist durchaus immer möglich, zu **erkennen, dass man zumindest Tor verwendet**, doch versucht Tails, so gut als möglich, zu **verschleiern, dass man Tor als Bestandteil von Tails** verwendet.

Natürlich sollten Sie selbst dabei mitarbeiten und die Warnhinweise beachten, die Tails Ihnen übermittelt. So sollten Sie beispielsweise das aufklappende Tails-Fenster in dem Zustand belassen, in welchem Sie es ursprünglich vorfinden, so dass schon keine Information über Ihre Bildschirmgröße nach draußen geht. Darum noch einmal: Lesen Sie die Dokumentation immer und immer wieder, so dass Sie nicht selbst Schuld haben, indem Sie Warnungen ignorieren oder nachlässig sind.

Die Geheimdienste sind mit Schachspielern zu vergleichen, die auf Fehler ihres Gegenübers warten.

Es gibt einen Linux-Spruch, der besagt, dass bei Linux das Problem vor dem Bildschirm sitzt und diesem Spruch kann ich nur voll und ganz zustimmen. Wenn der Anwender Blödsinn macht, nutzt ihm das beste Betriebssystem nichts.

Ein Wort zu den sogenannten TOR-BRIDGES:

Für die Leser unter Ihnen, für welche eine Nutzung von Tor entweder durch Zensur verhindert, oder aus bestimmten Gründen gefährlich ist, möchte ich hier auf die Dokumentation des Tails-Projektes bezüglich der **Tor-Bridges** hinweisen. Den Link zum

Projekt haben Sie weiter oben bereits gefunden, so dass ich hier nicht weiter darauf eingehen möchte.

Tails-Administrations-Passwort:

In Tails ist aus Gründen der Sicherheit, sprich um eventuelle Angreifer mit Zugriff auf Ihr System, abzuhalten, administrative Rechte zu erlangen, kein Admin-Passwort voreingestellt.

Falls Sie dennoch ein Adminpasswort einrichten möchten, etwa um etwas zu installieren oder dergleichen, so müssen Sie dies jeweils beim Start von Tails tun, indem Sie im **WILLKOMMEN-Fenster** die Option **JA** auswählen. (Dies, um erweiterte Möglichkeiten zu erhalten.)

Danach gehen Sie auf **ANMELDEN** und können sodann in den beiden entsprechenden Feldern Ihr Passwort setzen.

Ein Root-Terminal öffnen:

Ein Root-Terminal öffnen Sie während Ihrer Sitzung, indem Sie folgendes auswählen:

Anwendungen-Systemwerkzeuge-Root Terminal. Mit dem Befehl sudo können Sie dann Ihre administrativen Arbeiten erledigen.

Keine Angst, es wird sich nicht mehr allzu lange hinziehen, bis ich die notwendigen 'Vorarbeiten' erläutert habe und Sie endlich beginnen können, Tails zu verwenden. Doch zuvor noch einige wichtige Zeilen zum sicheren Löschen von Dateien innerhalb von Tails:

Warum die Option 'Sicheres Löschen' verwenden?

Entgegen der Ansicht so vieler Computer-Nutzer wird beim

'Löschen' von Dateien nicht wirklich gelöscht im Sinne von 'Ausradieren, Entfernen', also quasi ungeschehen machen. Was entfernt wird, sind lediglich die jeweiligen Einträge entsprechender Dateien, so dass diese nicht weiter vom System gesucht werden können, was Zeit in Anspruch nehmen würde. Die eigentlichen Dateien sind auf dem Speichermedium weiterhin vorhanden, bis das Betriebssystem diese überschreibt, weil neuer Speicherplatz gebraucht wird.

Nun wissen Sie aber keineswegs, wann dies der Fall sein wird, da auch ein neues Formatieren oder Partitionieren nicht garantiert, dass eben auch der betreffende Platz überschrieben wird. Denn nichts anderes ist das 'Löschen', als ein Überschreiben der Daten. Es existiert Technologie, welche es möglich macht, einfach überschriebene Dateien im Labor wieder herzustellen, also wieder sichtbar zu machen.

In der Regel wird davon ausgegangen, dass ein zweimaliges Überschreiben genügt, um die Daten nicht wieder lesbar machen zu können. Dies ist der Grund, warum Sie innerhalb von Tails die Option 'Sicheres Löschen' verwenden sollten.

Wie sicher löschen?

Um diese Option anzuwenden, gehen Sie zu dem betreffenden Ordner, der die Datei, welche gelöscht werden soll, enthält, wählen diese Datei aus und wählen dann durch Rechtsklick **Sicheres Löschen** aus. Nachdem Sie bestätigt haben, müssen Sie etwas Geduld haben, denn es kann, je nach Größe der Datei bis zu einigen Minuten dauern.

Merke:

„Das sichere Löschen von Dateien löscht keine potentiellen Sicherungskopien der Datei (beispielsweise erstellt LibreOffice Sicherungskopien, die es Ihnen erlauben Ihre Arbeit wiederherzustellen, für den Fall, dass LibreOffice nicht mehr reagiert)."

(Nicht vergessen, vor dem **Sicheren Löschen** auch den **Papierkorb zu leeren!**)

Dennoch unbedingt die Dokumentation von Tails immer wieder lesen, da sich bei Updates doch etwas ändern könnte und ich wie gesagt, hier Platz und für Sie Kosten einsparen möchte!

Dies betrifft auch die Technik, unsichtbare Dateien zu überprüfen und zu behandeln.

Sie sehen, es gilt in jedem Fall, Vorsicht walten zu lassen und stets den Überblick zu behalten. Somit kann auch dieses Büchlein Sie nicht zu einem Experten machen, sondern Sie müssen immer selbst Ihre Gedanken beisammen und das Gehirn wach halten, sonst sind Sie schnell auf einem verkehrten und eventuell auch gefährlichen Weg.

Tails starten.

Da wir nun fast soweit sind, dass Sie Tails zum ersten mal starten werden, noch einige Worte über die **Startoptionen:**

Nach dem Start von Tails haben Sie zwei Optionen: Sie können zwischen der Verwendung des sogenannten GREETERS und zwischen dem BOOTMENUE wählen.

Da dies eine Anleitung für Neulinge sein soll, werde ich mich auf den Greeter (Begrüßungs-Menü) beschränken. Wenn Sie einmal fortgeschrittener sind, können Sie die Dokumentation von

Tails benutzen, um zu erfahren, wie Sie das Bootmenue zum Berichtigen von etwaigen Fehlern verwenden und Sie sollten dies nur jetzt schon versuchen, falls Sie Probleme beim Star von Tails haben, etwa weil Ihre Hardware nicht kompatibel zu Tails zu sein scheint.

Der TAILS-GREETER

Der Begrüßungs-Dialog erscheint, bevor Sie zum Gnome-Desktop geführt werden und er fragt Sie,

(oben bereits angerissen) ob Sie weitere Optionen wünschen. Das Häkchen steht von Haus aus auf Nein und rechts unten sehen Sie den LOGIN-Knopf.

Um die Sprache auf Deutsch umzustellen, wählen Sie ganz unten Sprache und Land aus. Das bedeutet, dass Sie im Falle Deutsch auch etwa Schweiz, Österreich usw. als Land auswählen können, dann jedoch immer mit der jeweiligen Rechtschreibung zurande kommen müssen.

Falls Sie erweiterte Optionen wünschen, hier eine Liste möglicher Optionen:

„Administrationspasswort

Verschleiern der MAC-Adresse (abstellen – von Haus aus wird verschleiert)

Netzwerkeinstellungen

Tor Bridge Modus

Alle Netzwerkfunktionen deaktivieren (Offlinemodus)

Verschlüsselter beständiger Speicherbereich."

(Anmerkung: In den Druckausgaben dieses Buches sind sämtliche Bilder

11

und Fotos aus Kostengründen in Schwarz/Weiß gehalten.)

BILD TAILS-GREETER:

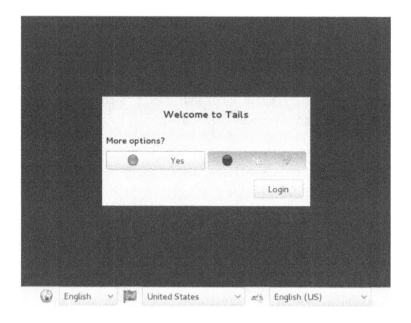

Nachdem Sie auf den Login-Button geklickt haben, erscheint der TAILS-GNOME-DESKTOP:

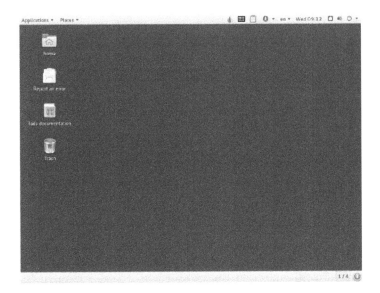

Bild Gnome-Desktop:

Noch eine Warnung: Sie haben die Möglichkeit, (falls Sie Tails auf einem USB-Stick installieren) einen verschlüsselten, ständigen Speicherbereich auf eben diesem Stick einzurichten, so dass Sie Daten dort speichern können. Aus Gründen der Sicherheit rate ich davon jedoch ab, da ein Angreifer die Tatsache des Speichers erkennt und die Daten eventuell auslesen könnte. Speichern Sie wichtige Dinge separat auf einem Mini-USB und verstecken Sie diesen gut.

Bevor ich nun hier zum Abschluss komme, noch ein letzter Warnhinweis, den ich wörtlich vom Tails-Projekt übernehme:

„Tails schützt nicht vor kompromittierter Hardware

Tails kann kompromittiert werden, wenn es in Systemen

13

installiert oder benutzt wird, denen nicht vertraut wird

Tails schützt nicht vor BIOS- oder Firmware-Angriffen

Tor-Ausgangsrelais können Verbindungen abhören

Tails macht sichtbar, dass Sie Tor und möglicherweise Tails verwenden

Man-in-the-Middle-Angriffe

Bestätigungsangriffe

Tails verschlüsselt Ihre Dokumente standardmäßig nicht

Tails bereinigt Ihre Dokumente nicht von Metadaten und verschlüsselt weder die Betreffzeile noch andere Header-Zeilen Ihrer verschlüsselten E-Mails

Tor schützt Sie nicht vor globalen Angreifenden

Tails besitzt keinen magischen Mechanismus, um Ihre Identitäten für verschiedene Kontexte zu trennen

Tails macht Ihre schlechten Passwörter nicht sicherer

Tails ist ständig in Bearbeitung."

Für detaillierte Erklärungen gehen Sie bitte auf folgende Seite:

https://tails.boum.org/doc/about/warning/index.de.html

Hiermit hätte ich meine Vorrede über Tails beendet und möchte darum diesen Teil des Buches abschließen, um mich dem Projekt Tor zuzuwenden.

Das TOR-Projekt

So wie auch über das Darknet selbst, wurde und wird von Zeit zu Zeit Stimmung gegen **TOR** gemacht und die Medien überschlagen sich mit Falschmeldungen über sogenannte **'Unsicherheitsfaktoren'** des Projekts.

Es wird dann etwa behauptet, dass ein Drogenring im Darknet zerschlagen wurde, dass **'Böse Exit-Nodes'** die Nutzer ausspähen würden und so einiges mehr. Tatsachen werden dabei mit reiner Phantasie munter vermischt und auch von Seiten gewisser Behörden wird gerne so getan, als seien sie allmächtig und nichts könne vor ihnen verborgen werden.

Zur Klarstellung: Die erwähnten Drogenringe gab es wirklich, doch hat deren Festsetzung nichts mit den überragenden Fähigkeiten irgendwelcher Geheimdienste zu tun, sondern einzelne Mitglieder besagter Ringe stellten sich eben etwas dämlicher an, als sie hätten sollen und auch einige Kunden waren so wenig intelligent, Postadressen preiszugeben. Über weitere Tricks von Geheimdiensten und anderen Behörden im Darknet werden wir später noch einige Worte verlieren.[1]

Zu den bösen Exit-Nodes: Diese Nodes existieren tatsächlich, doch Jedermann, der sich mit **TOR** oder dem Darknet beschäftigt, sollte dies auch wissen. Ebenso aber sollte man auch wissen, dass man innerhalb von **TOR** keine persönlichen Daten unverschlüsselt weiter geben sollte.

Ein weiterer Punkt der Kritik an TOR ist die Finanzierung: Den TOR-Entwicklern wird mit schöner Regelmäßigkeit vorgehalten, dass sie unter anderem von gerade der Regierung mit finanziert werden, welche auch Geheimdienste wie die **NSA** unterhält.

Dazu ist zu sagen, dass das TOR-Projekt tatsächlich ursprünglich am US-amerikanischen Institut der Armee für Forschungen 'Naval Research Laboratory' entstand, jedoch im Jahre 2006 in eine 'unabhängige' Non-Profit-Organisation umgewandelt wurde. Es ist wahr, dass sich das Projekt dennoch weiterhin zu bis zu 85 Prozent aus Geldern von Regierungs-Organisationen, darunter dem US-Verteidigungs-Ministerium finanziert. Was dies nun zu bedeuten haben könnte, darüber kann sich Jeder seine eigenen Gedanken machen, doch steht fest, dass es bis nun keine wirkliche Alternative zum TOR-Projekt gibt. Ich möchte dazu noch erwähnen, dass der Code des Projekts zugänglich ist und somit überwacht werden kann und auch wird.

Es bleibt mir an dieser Stelle nur, einmal mehr zu wiederholen: „Bleiben Sie misstrauisch und vorsichtig auch bei der Verwendung Ihrer Hilfsmittel."

Funktionsweise TOR

Stellen Sie sich vor, dass Sie einen Brief verschicken. Sie gehen zum Briefkasten und werfen den Brief ein. In diesem Briefkasten nun befinden sich viele weitere Briefe, zwischen denen Ihr Brief verschwindet. Irgendwann kommt ein Briefträger und leert den Briefkasten. Alle Briefe wandern nun zu einer Zentrale, welche die Briefe weiter verschickt. Die Briefe gehen nun an weitere Zentralen, von welchen sie ebenfalls weiter verschickt werden. Stünde nun nicht Ihr Absender auf dem Brief, so könnte man nicht wissen, dass der Brief von Ihnen kommt, sondern wüsste nur, bei welchen Zentralen er registriert wurde.

So in **Etwa** (nur in etwa!) verhält es sich mit TOR. Wollte nun Jemand auf Teufel komm raus wissen, woher der Brief kommt, auch wenn kein Absender darauf stünde, würde die Sache etwas kompliziert: Jemand müsste sich in den Briefkasten setzen, um gleich beim Einwurf jeden Brief abzufangen (Man in the middle !) und schnell zu kontrollieren. Selbst dann hätte der sich im Briefkasten Befindliche nur ihr Gesicht durch den Schlitz des Briefkastens gesehen und bräuchte außerhalb eine weitere Person, die sie zurückverfolgt, um Ihre Identität festzustellen.

Beurteilen Sie selbst, wie wahrscheinlich es ist, dass auf diese Weise verfahren wird. Anders sieht es allerdings aus, wenn Sie ohnehin in Verdacht stehen und Ihnen Jemand folgt, um speziell Ihres Briefes habhaft zu werden. Sobald Sie den Brief eingeworfen haben, erhält der innen Sitzende den Bescheid, dass der richtige Brief gerade eingeworfen wurde. Nun kann man den Brief lesen und weitere Schritte unternehmen. ....Kann man das wirklich? Falls Sie nicht intelligent genug waren, in einer geheimen Schrift und Sprache zu schreiben, ja! Womit wir bei dem Umstand der Verschlüsselung angekommen wären.

(Zur weiteren Information über die Funktionsweise von Tor hier

ein Link zur Wikipedia. In deutscher Sprache :
https://de.wikipedia.org/wiki/Tor_(Netzwerk))

Noch ein Hinweis: Es ist nicht von der Hand zu weisen, dass
sich Nutzer des TOR-Projekts allein aufgrund der Tatsache, dass
sie TOR verwenden, schon verdächtig machen. Dies nur der
Vollständigkeit halber.

OpenPGP Public-Key-Verschlüsselung

Ich zitiere an dieser Stelle das Tails-Projekt:

„Es ist unsicher, vertraulichen Text direkt in einen Webbrowser
einzugeben, da Angriffe mit JavaScript aus dem Browser heraus
direkt darauf zugreifen können. Sie sollten Ihren Text daher in
ein anderes Programm eingeben, mit dem OpenPGP Applet
verschlüsseln, und den verschlüsselten Text in das
Browserfenster einfügen, beispielsweise wenn Sie eine E-Mail
verschicken."

„Wenn Sie das OpenPGP Applet zum Verschlüsseln von E-
Mails benutzen, werden nicht-ASCII-Zeichen (zum Beispiel
nicht-lateinische Zeichen oder Zeichen mit Akzentuierungen)
den Empfängern der E-Mail möglicherweise falsch dargestellt.

Wenn Sie Ihre E-Mails oft verschlüsseln werden, empfehlen wir,
dass Sie stattdessen Icedove konfigurieren."

„Bei dieser Methode müssen Sie Public-Key-Kryptographie
einsetzen. Falls Sie zuvor noch nicht mit OpenPGP-Schlüsseln
gearbeitet haben, könnten Sie es bevorzugen, Ihren Text mit
einer Passphrase mit OpenPGP-Verschlüsselung mit Passphrase
zu verschlüsseln. Siehe die zugehörige Dokumentation."

19

Zur vollständigen Lektüre hier der betreffende Link:

https://tails.boum.org/doc/encryption_and_privacy/gpgapplet/pu
blic-key_cryptography/index.de.html

Das Darknet

Wir sind nunmehr soweit, dass wir TOR verwenden, um einen
Blick in das Darknet zu werfen. Wir öffnen also TOR und sehen
die Aufforderung, etwas zu warten, da TOR ladet. Dies tun wir
denn auch. Hier übrigens das TOR-Symbol:

Als

Nächstes erscheint dieses Bild:

Willkommen im Tor Browser

Sie können jetzt anonym im Internet surfen.

Tor-Netzwerkeinstellungen testen

Sicheres Suchen mit DuckDuckGo

Was nun?

Tor ist NICHT alles was benötigt

Sie können helfen!

Es gibt viele Möglichkeiten, um

Wieder warten wir einige Sekunden. Meist, bis der Mauszeiger nicht mehr hüpft bzw. sich dreht und klicken dann auf den Link:

Tor-Netzwerkeinstellungen testen

Darauf sollte dieses Bild im Monitor erscheinen:

Herzlichen Glückwunsch. Dieser Browser verwendet Tor.

Ihre IP-Adresse scheint folgende zu sein: **162.247.72.200**

Weitere Informationen, wie man Tor sicher benutzt, erhalten Sie auf der Tor-Website. Sie können jetzt anonym im Internet surfen. Weitere Informationen zu diesem Ausgangsrelais: Atlas.

Spenden, um Tor zu unterstützen

Fragen & Antworten | Freiwillige | Ein Relais betreiben | Bleiben Sie anonym

Klicken Sie nun auf den nach unten gerichteten Pfeil links oben im Bild neben der TOR-Zwiebel, klappt ein Menü nach unten, welches Ihnen anzeigt, welche IP-Nummern aus welchen Ländern gerade Verwendung finden, um ihr Browsen zu anonymisieren.

Herzlichen Glückwunsch. Dieser Browser verwendet Tor.

Ihre IP-Adresse scheint folgende zu sein: **162.213.3.221**

Weitere Informationen, wie man Tor sicher benutzt, erhalten Sie auf der Tor-Website. Sie können jetzt anonym im Internet surfen. Weitere Informationen zu diesem Ausgangsrelais: Atlas.

Damit Sie nicht lange herumsuchen und etwa auf falsche Links hereinfallen, hier zunächst der Link zur 'Hauptseite' des Hidden Wiki. (Inhaltsverzeichnis)

Es gibt etliche solcher Seiten bzw. Kopien, doch können Sie auch schnell an eine falsche Seite geraten, welche Sie irgendwo hin führt, wohin Sie nicht gelangen wollen und sollten. Hier also ein Link:

http://zqktlwi4fecvo6ri.onion/wiki/index.php/Main_Page

Sie befinden sich jetzt auf der 'Hauptseite' des Hidden-Wiki-Inhaltsverzeichnisses. Wie Sie wohl gleich bemerkt haben, ist die Seite in englischer Sprache.

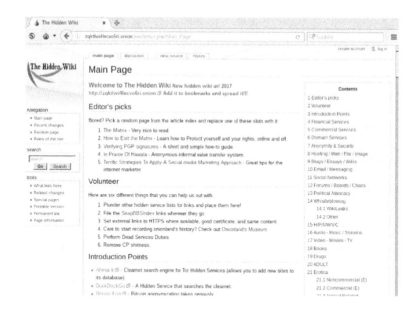

Obiges Bild zeigt den oberen Teil der Seite. Sie können herunter scrollen und sich nach Belieben auf den verschiedenen Seiten umsehen. Seien Sie aber vorsichtig und lassen Sie sich nicht verleiten, vorschnell etwas zu bestellen oder kaufen zu wollen. Geben Sie auf keinen Fall irgendwelche Daten preis!!

Sie werden zudem feststellen, dass etliche der im Inhaltsverzeichnis angegebenen Links nicht, nicht mehr oder auch nur manchmal zu gewissen Zeiten funktionieren. Es gibt auch Seiten in anderen als der englischen Sprache, darunter beispielsweise Deutsch, doch auch hier gibt es keine Garantie, dass zu dem Zeitpunkt, da Sie es versuchen, (noch) eine deutsche Seite erreichbar ist. Zudem werden Sie nicht mit gewohnter Geschwindigkeit surfen können, doch gerade als Deutscher mit deutschen Internetanbietern dürften Sie ja ohnehin einiges gewohnt und somit geduldig sein.

French / Français

- Trollodrôme ⬧ - Forum non modéré. [dead services]
- French Hidden Wiki ⬧ - Bienvenue sur le French Hidden Wiki v2!
- French Deep Web ⬧ - an administered and moderate French board (1er forum
- Liberty's Hackers ⬧ - No CP, No racism - because Knowledge has value only
- Liberty's Hackers & French Deep Web Wiki ⬧ - Liberty's Hackers & French D
- Le Tesseract ⬧ - Centre de formation ésotérique. (Nouveau lien mai 2015)
- La Main Noire ⬧ - Market professionel et communautaire francais avec irc and
- Republique de Hackers ⬧ - Forum francophone [dead service]

German / Deutsch

- Deutschland im Deep Web ⬧ - German darknet community with forum and ch
- Das ist DEUTSCHLAND hier! 2.0 ⬧ Das ist DEUTSCHLAND hier! Nachfolger.
- German pages ⬧ - Neues Deutschland II.

Greek / ελληνικά

Italian / Italiano

- Babylon ⬧ - Babylon, forum per la comunità italiana
- Cipolla ⬧ - Comunita' italiana
- Italian Darknet Community ⬧ - Italian Darknet Community

Auf dem folgenden Bild sehen Sie eine Reihe von Suchmaschinen unter dem Label **Introduction Points:**

Introduction Points

- Ahmia.fi ⬧ - Clearnet search engine for Tor Hidden Services (allows you to add new sites to its database).
- DuckDuckGo ⬧ - A Hidden Service that searches the clearnet.
- Bitcoin Fog ⬧ - Bitcoin anonymization taken seriously.
- Torch ⬧ - Tor Search Engine. Claims to index around 1.1 Million pages.
- Grams ⬧ - Search Darknet Markets and more.
- The Hidden Wiki ⬧ - A mirror of the Hidden Wiki. 2 days old users can edit the main page. **[redirect]**
- Not Evil ⬧ is a Tor search engine which only indexes hidden services on Tor.
- DeepDotWeb ⬧ The official onion version of the clearnet site.
- Self-defense Surveillance Guide ⬧ Tips, Tools and How-tos for Safer Online Communications (clearnet).
- Candle ⬧ A simple search engine.

An vierter Stelle der Liste sehen Sie die Suchmaschine **Torch**. Mit ihr wollen wir die ersten Schritte unternehmen, um mit dem Darknet ein wenig vertraut zu werden. Klicken wir sie an, so erscheint die Suchmaschine in diesem **Gewand**:

Spaßeshalber geben wir ins Suchfeld den Begriff drugs (Drogen) ein, worauf wir auf **search** klicken.

TORCH: Tor Search Engine

drugs|

Search!

Das Resultat ist dieses:

Als nächstes habe ich das Stichwort **Waffen** in deutscher Sprache eingegeben. Hier das Ergebnis:

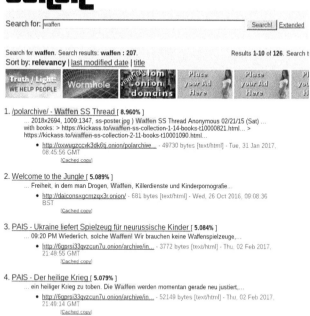

Klickt man den ersten Treffer an, so 'begrüßen' Einen folgende Bilder:

Comment *	
File	Durchsuchen... Keine Datei ausgew

‡ = required field

[▶ Show post options & lim
Confused? See the !

File: 1424536971302.jpg (572.33 KB, 2018x2694, 1009:1347, ss-poster.jpg)

☐ **Waffen SS Thread** Anonymous 02/21/15 (Sat) 16:42:51 No.213 ⚓

Schutzstaffel - "Sieg Heil Viktoria!"

>https://www.youtube.com/watch?v=NkaZujSr6DM

Schutzstaffel ⚡⚡ - "SS marschiert in Feindesland"

>https://www.youtube.com/watch?v=IYJ1ddifDs0

☐ Anonymous 02/21/15 (Sat) 16:45:05 No.214
File: 1424537105214.jpg (116.41 KB, 400x516, 100:129, 1423029793523.jpg)

Hitler's Blitzkrieg Part 1

>https://mega.co.nz

/#!RFIUWCKTlo5KQv0Acz7ImdRT7YQihWS6iU7bgTJgkbaZNWIgPO_c

Hitler's Blitzkrieg Part 2

>https://mega.co.nz/#!ENgjiQBBlpFAj8Y2nuJBHUKNPZv83kgGYmwx0

☐ Anonymous 02/21/15 (Sat) 16:45:47 No.215
File: 1424537147210.jpeg (20.27 KB, 212x300, 53:75, 1424439197965.jpeg)

http://avaxhm.com
/ebooks/history_military
/3337866.html

29

Die Suche nach dem Begriff **Passport** wiederum zeitigt dieses Ergebnis:

Search for: passport _____ Sea

Search for **passport**. Search results: **passport : 3693**.   Results 1
Sort by: **relevancy** | last modified date | title

1. AUSTRALIA **Passport** - Forgery.Store [**10.310%**]
    ... Cards Offshore Bank Accounts AUSTRALIA **Passport** ID - Documents » Passports Ch
    your...
    • http://forgery7hhghvjjo.onion/?30.austra... - 5366 bytes [text/html] - Thu, 02 Feb 20
      22:42:34 GMT
      [Cached copy]

2. CANADA **Passport** - Forgery.Store [**10.310%**]
    ... Cards Offshore Bank Accounts CANADA **Passport** ID - Documents » Passports Chanç
    your...
    • http://forgery7hhghvjjo.onion/?28.canada... - 5359 bytes [text/html] - Thu, 02 Feb 2ʲ
      22:40:35 GMT
      [Cached copy]

3. NORWAY **Passport** - Forgery.Store [**10.310%**]
    ... Cards Offshore Bank Accounts NORWAY **Passport** ID - Documents » Passports Chan
    your ... Full registered and valid Norway **Passport**! Along with the payment send us your...
    • http://forgery7hhghvjjo.onion/?32.norway... - 5435 bytes [text/html] - Thu, 26 Jan 20
      22:38:13 GMT
      [Cached copy]

4. FRANCE **Passport** - Forgery.Store [**10.310%**]
    ... Cards Offshore Bank Accounts FRANCE **Passport** ID - Documents » Passports Chanç
    your...
    • http://forgery7hhghvjjo.onion/?83.france... - 5343 bytes [text/html] - Thu, 26 Jan 201
      22:38:18 GMT
      [Cached copy]

5. JAPAN **Passport** - Forgery.Store [**10.310%**]
    ... Cards Offshore Bank Accounts JAPAN **Passport** ID - Documents » Passports Change
    your...

Klickt man das erste Ergebnis **AUSTRALIA Passport** an, kommt man auf die folgende Seite:

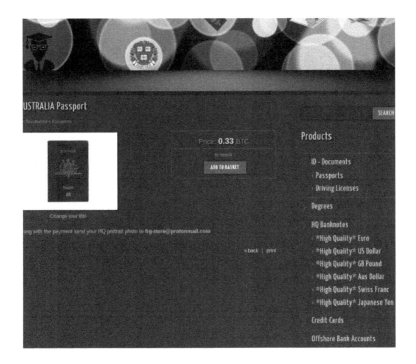

Gleiches gilt im Prinzip für die Suchmaschine **Grams**. Versuchshalber gebe ich das Stichwort **heroin** ein.

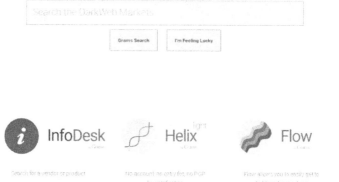

Das Ergebnis wie folgt:

Ich könnte jetzt fast endlos so weiter machen und mit verschiedenen Suchmaschinen verschiedene Suchergebnisse aufzeigen und so hunderte oder gar tausende von Seiten füllen

(...und dem Leser dieses Buches das Geld aus der Tasche ziehen). Das jedoch wollen wir, Sie und auch ich, uns ersparen. Das was Sie jetzt erfahren haben, ist die ohnehin zur Genüge bekannte Seite des Darknets, in welcher es die bekannt 'schlimmen' Dinge gibt. Wie bereits weiter oben erwähnt, gibt es 'Material' zur Genüge im Internet und auch der gedruckten Presse, welches die 'Sensationen' des Darknets behandelt.

Was immer Sie gehört und was immer Sie sich vorstellen können, es existiert irgendwo im Darknet, wird irgendwo und von Irgendjemandem angeboten. Frage ist nicht, ob dies so ist oder nicht, sondern, ob das Angebot ernst gemeint ist oder nicht, will sagen, dass es mit an Sicherheit grenzender Wahrscheinlichkeit mehr betrügerische Angebote gibt als reale solche.

Wie ist das zu verstehen? - Nun, ganz einfach: Die vermeintliche oder auch reale Anonymität verleitet so manchen Zeitgenossen, das 'schnelle Geld' machen zu wollen, so dass er Dinge anbietet, welche er gar nicht in seinem Besitz hat. Dies können Waffen, Drogen, Kreditkarten usw. usw. sein.

Man spekuliert auf die Dummheit und auch Gier der Menschen – und man hat damit auch nicht allzu unrecht. Ich kann hier nur immer wieder warnen: Seien Sie vorsichtig – und zwar in jeder Beziehung!

Einige wenige Beispiele über die erwähnten Betrügereien im Darknet möchte ich Ihnen hier doch nicht vorenthalten, da sie Ihnen einen guten Eindruck vermitteln können, was ich meine.

Hier ein Beispiel, wie Sie auf einfache Art Ihr Geld in **Form von Bitcoins verdoppeln sollen**.

(Ich habe diesen Text bewusst in der Google-Übersetzung vom Englischen auf Deutsch gelassen, da er trotz schlechter Sprache einigermaßen verständlich ist.)

Sie sollen hier in Vorleistung treten und Bitcoin überweisen, damit Ihnen dann die doppelte Summe zurück überwiesen wird.....

Der von Google übersetzte Text der Offerte:

„DOPPELT IHR BTC

Wir haben viel "schwarzes Geld" in Form von Bankkonten, Kreditkarten, Paypal-Konten ... Und wir müssen es loswerden ...

Die meisten der Zeiten, fragten unsere Kunden uns, wie man diese Bankkonten auszahlen, Kreditkarten, paypal Konten ... und wir haben viel Zeit verbracht und versucht, sie zu erklären. Aber leider haben unsere Kunden nicht verstanden, wie es geht, oder sie haben Angst ... Also konnten wir uns nicht alle "materiellen"

Einige Kunden wussten nicht einmal, was ein Bitcoin ist, und baten uns, per Paypal oder Bank zu bezahlen Transaktion ... Also haben wir uns entschlossen, die Konten selbst auszurechnen und das Geld mit Bitcoins zu schicken!

WIE?

Sie machen die Zahlung, die Sie wünschen (mindestens 0,08 BTC) an diese Adresse:

1HXdQuFygKFPaZ4E9CYVQCcwdD15tdJwfA

Und wir verdoppeln es für dich!

Stellen Sie sich vor, Sie zahlen 0,1 BTC, Sie werden zurückbezahlt 0,2 BTC!

0,3 BTC Sie werden zurückbezahlt 0.6 BTC!

0,7 BTC Sie werden zurückgezahlt 1.4 BTC!

JA WIRKLICH?

-Hmmmm ... das klingt dumm zu mir ... wenn Sie Ihre Konten auszahlen, warum Sie nicht nur Ihr Geld behalten, anstatt es an andere Leute zu schicken?

Sie haben recht, außer für eine Sache. Um diese Konten auszutauschen kostet uns Geld ... Wir können diese Konten nicht auszahlen, bis wir sicher sind, dass Sie es wollen, und Sie bezahlen dafür. Dann verwenden wir Ihr Geld, um die Konten auszumachen und Ihr Geld zu verdoppeln!

Wir haben viele Konten mit vielen verschiedenen Waagen, also keine Sorge um eine maximale Menge zu verdoppeln. Das einzige, was wir haben, ist eine Mindestzahlung von 0,08 BTC, die der durchschnittliche Preis ist, um die Konten auszutauschen.

MEHR FRAGEN?

Schicken Sie uns einfach eine E-Mail an wedoubleyourbtc@sigaint.org

WICHTIG: Wenn Sie die Zahlung leisten, senden Sie uns eine E-Mail an wedoubleyourbtc@sigaint.org mit Ihrer bitcoin Brieftasche Adresse und die Menge, die Sie übertragen haben. Sobald das Geld zu unserer Brieftasche kommt, werden wir Sie zweimal bezahlen!"

Zitat Ende.

Noch Fragen zu dieser überaus lukrativen (für die Betreiber der Seite...) Offerte?

Seien Sie gewiss, dass sich Leute tatsächlich dorthin wenden und (wenn auch nur 'versuchsweise') Geld dorthin überweisen.

Natürlich beschränken sich Betrügereien im Darknet nicht auf solch offensichtliche und kindische Versuche, Ihnen Geld aus der Tasche zu ziehen. Betroffen kann sein, wer an den Abenden einmal gerne ein Marihuana-Pfeifchen raucht oder ein 'günstiges' I-Phone oder Sony-Gerät sucht und von Freunden oder Bekannten hörte, dass sie ein absolut unschlagbar günstiges Angebot wahrgenommen hatten.

Es gibt tatsächlich solche Angebote, doch weiß man vorher nicht, wer ernsthaft verkaufen möchte und wer ein Betrüger ist. Wie im richtigen Leben eben! Das alles bezieht sich auch auf alle anderen Waren, die angeboten werden, mögen es falsche Pässe, Waffen oder was auch immer sein.

'Moment mal', wird sich jetzt manch Einer fragen, **'was schreibt denn der da? Das ist doch eh alles illegal. Wen interessiert es also?'**

Mit dieser Frage haben Sie recht – und doch auch wieder nicht. Es gibt nämlich nicht nur dieses eine, **böse und verworfene** Darknet, das seine Nutzer mit Kinder-Pornografie, Waffen und Drogen und falschen Papieren **verderben** will, sondern auch das **helfende**, welches es Menschen auf der Flucht vor bösartigen Diktatoren erst ermöglicht, sich einen falschen Pass zu besorgen, um außer Landes zu gehen, beispielsweise. In einem solchen Fall wäre nun schlagartig Derjenige, der vorgibt, falsche Pässe zu verkaufen, dies aber keineswegs tut, **der wahre Böse.**

Schon kompliziert, dieses Darknet, nicht wahr?

Damit es etwas weniger kompliziert wird, haben sich einige Leute die Arbeit gemacht, eine Art Wegweiser auf der Startseite (Main Page) einzustellen.

Ich empfehle, die Punkte 1-5 einmal zumindest anzulesen.

Main Page

Welcome to The Hidden Wiki New hidden wiki url 2017
http://zqktlwi4fecvo6ri.onion ⮷ Add it to bookmarks and spread it!!!

Editor's picks

Bored? Pick a random page from the article index and replace one of these slots with it.

1. The Matrix - Very nice to read.
2. How to Exit the Matrix - Learn how to Protect yourself and your rights, online and off.
3. Verifying PGP signatures - A short and simple how-to guide.
4. In Praise Of Hawala - Anonymous informal value transfer system.
5. Terrific Strategies To Apply A Social media Marketing Approach - Great tips for the internet marketer.

Volunteer

Überhaupt würde ich empfehlen, ein wenig neugierig zu sein und nachzusehen, was es denn so alles an erreichbaren Seiten gibt. Doch stets mit dem Gedanken im Hintergrund, dass man leicht betrogen werden kann.

Was uns zur nächsten Bedrohung bringt:

Herr Meier

Überwachung durch staatliche Stellen:

Es ist müßig, hier an dieser Stelle etwas über die Überwachung in Russland, China, der Türkei oder anderer 'böser Länder' zu schreiben, denn dieses Thema wird zur Genüge in den deutschen Medien durchgekaut.

Nein, hier möchte ich Ihnen etwas vom **'demokratischen'Überwachungs-Staat Deutschland** und anderen europäischen Staaten (freilich gehören auch die USA an vordersten Stellen dazu) erzählen.

Wer sich einbildet, er lebe in 'einem freien Land', (dieser Spruch kommt natürlich auch, wie soviel anderer Müll, aus den USA) hat sich verrechnet und verhält sich exakt so, wie er sich aus Sicht der Machthaber verhalten soll. Die Überwachung in Deutschland ist nicht weniger als in den oben erwähnten Ländern, sie ist nur verdeckter bzw. scheinheiliger. Dies aufgrund der Tatsache, dass sich gerade der Deutsche anscheinend hervorragend dazu eignet, sich selbst zu unterwerfen und der 'Obrigkeit' geduldig jeden Müll abzukaufen und zu schlucken. So hilft der Deutsche treu und brav mit, die entsprechende Überwachungs-Software erst auf seinen Rechner zu bringen.

Wie er das tut?

Oder sollte die Frage eher lauten: **Wie wir das tun..?** Es beginnt damit, dass wir uns ein anscheinend 'fertiges' Betriebssystem kaufen, das unserer Ansicht nach alles bereits hat (die Amis haben es ja schließlich auch..) und uns zudem weigern, etwas über die Materie zu lernen, da wir ja ohnehin alles schon wissen. Kommt Ihnen das bekannt vor? Was wir wissen, wissen wir von Quellen wie Computer-Bild, Chip und anderen Schrott-Medien, denen wir in anderen Belangen keine fünf Meter über den Weg trauen würden. Von ihnen lassen wir uns unser Windows schmackhaft machen, lassen uns unnütze und oft sogar gefährliche Virenschutz-Software aufschwatzen und folgen Ihnen brav und treu, wenn sie uns auffordern, unseren Computer überprüfen zu lassen. Dass wir uns oft im Zuge einer solchen 'Überprüfung' erst die passenden Trojaner abholen, blenden wir geschickt aus, auch wenn wir mal am Rande davon gehört haben.

Das Bundesamt für Sicherheit in der Informationstechnik soll das BKA bei der Programmierung des Staatstrojaners unterstützt und Quellcode beigesteuert haben. Das gleiche Bundesamt (BSI) ist Nachfolger der „Zentralstelle für das Chiffrierwesen" und dem Bundesinnenministerium unterstellt.

Selbstverständlich stritt das BSI eine Zusammenarbeit bei der Entwicklung des 'Bundestrojaners' ab. Hierzu empfehle ich einen Artikel aus dem Jahre 2015 von Heise. Hier der Link:

https://www.heise.de/newsticker/meldung/Geheimpapiere-BSI-entwickelte-Bundestrojaner-mit-2577582.html

Ich kann in diesem Zusammenhang immer nur wieder zur Verweigerung von Betriebssystemen, deren Quellcode ein Geheimnis ist, raten und Systeme wie Linux oder BSD, deren Quellcode offen liegt, empfehlen.

Es dürfte mittlerweile wohl bekannt geworden sein, dass Firmen wie Microsoft ihre Quasi-Monopol-Stellung in den USA nicht aufgrund ihres hervorragenden Aussehens, sondern ihrer Willfährigkeit staatlicher Stellen gegenüber erworben haben. Gleichermaßen verhält es sich übrigens in Deutschland mit den drei großen Internet- und Telefon-Anbietern, die ebenfalls ihren Einfluss dem Wahlspruch 'Eine Hand wäscht die andere' zu verdanken haben.(Oben bereits erwähnt).

Dies alles und viel mehr ist unter dem Begriff Überwachung zu verstehen.

Mittel zur Überwachung

Die Möglichkeiten zur Überwachung im Darknet selbst sind begrenzt, weshalb es umso wichtiger ist, mit einem 'sauberen' System zu arbeiten. Es wurde weiter oben bereits erläutert, wie dies mit dem Betriebssystem Tails auf einem USB-Stick am besten bewerkstelligt wird. Dennoch sollte darauf geachtet werden, dass auch ansonsten so wenig als möglich eine Überwachung des eigenen PC stattfinden kann.

Ein beliebtes und häufig angewendetes Mittel zur Überwachung ist ein sogenannter **'Keylogger'**.

Keylogger: Ein Keylogger ist ein sehr spezielles Teil, welches die Tastatureingaben aufzeichnet ('logt') und diese auf unterschiedlichen Wegen an einen Angreifer übermitteln kann.

Ein Keylogger kann als Software sowohl auch als Hardware in Erscheinung treten und unternimmt seine 'Arbeit' im Geheimen, ohne dass seine Existenz bemerkt wird. Die so gewonnenen Daten können entweder über Funk oder Mail an den Angreifer übermittelt oder auch lokal gespeichert werden, wobei der Angreifer im letzteren Fall physischen Zugriff auf den betreffenden Computer benötigt. Aus diesem Grund werden Software-Keylogger in der Regel häufiger eingesetzt als solche auf Hardware-Basis. Software-Keylogger kommen oft in Verbindung mit anderer Schadsoftware auf den PC und verhalten sich dort passiv, um keine Aufmerksamkeit zu erregen.

Sie finden im Netz genügend Material bei etwa 'Heise' oder auch 'Kaspersky' betreffend Keylogger, so dass ich hier nicht näher auf das Thema einzugehen brauche.

Ich wollte mit diesem Umweg aufzeigen, dass es sich lohnt, auch im Darknet mit einer virtuellen Tastatur zu arbeiten,. (Wobei diese bei einem Software-Keylogger im normalen Arbeitsbetrieb auch nicht sicher ist, da Keylogger auch Bilder vom Desktop machen können.)

Wer sich nicht sicher ist, sollte die eigenen Eingaben 'verunreinigen', will heißen, immer wieder während einer Eingabe den Cursor blind auf den Desktop richten und wahllos Buchstaben tippen, dann wieder zurück in das Eingabefeld, um dort ein oder zwei richtige Zeichen zu setzen und so weiter. So wird ein Auslesen zumindest erheblich erschwert.

Das 'gute' Darknet

Endlich kommen wir nun zu den positiven Dingen im sogenannten 'dunklen Netz'. Positiv für den jeweiligen Anwender, nicht für gewisse staatliche Stellen und Regimes.

Political Advocacy

- CODE GREEN ⬚ - Ethical hacktivism for a better world
- BuggedPlanet Info ⬚ - X
- paraZite #1st ⬚, clearnet 301 redirector ⬚ - Illicit activities advocacy and censored information archive.
- paraZite #2nd ⬚, clearnet 301 redirector ⬚ - Illicit activities advocacy and censored information archive.
- FREEFOR ⬚ - USA-based FREEdom FORces developing a turnkey distributed Temporary Autonomous Zone. FAQ ⬚

Whistleblowing

WikiLeaks

- WikiLeaks ⬚

Other

- Tor Against CPI ⬚ - Free and clean Tor - Tor users against CPI
- Indymedia Keyserver ⬚ Secure PGP Keyserver in Onionland.
- PedoraBox ⬚ - List of Pedophiles IP Addresses.
- Zyprexa Kills ⬚, mirror ⬚ - The Zyprexa Memos. Internal documents that Eli Lilly ⬚ tried to expose.
- Cat out of the Bag [Tor ⬚ | Internet ⬚] - Neven Lovrics' disclosure.
- Illuminati (TOR Link) ⬚ - New World Order
- Illuminati (WWW Link) ⬚ - New World Order
- Strategic Intelligence Network ⬚ - The Strategic Intelligence Network goal is to provide intelligences, ressources and tools to be prepared and to respond to crisis situations anywhere you are in the world.
- The Anarchism Library Mirror ⬚ - Mirror content from September 2012.
- Hack Canada ⬚ - America is a joke.
- Cat Facts ⬚ - A site that distributes cat facts.
- Safer Anonymous OS Guide ⬚ - A Comprehensive Guide to Installing and employing a Safer Anonymous Operating System.
- Global Leaks ⬚ - Blow the whistle! (requires javascript)
- SecureDrop ⬚ (Clearnet ⬚) - An open-source whistleblower submission system that media organizations can use to securely accept documents from and communicate with anonymous sources.

Eine der 'guten' Präsenzen im Darknet ist Wiki Leaks. Hier können Sie anonym und verschlüsselt Ihre Kenntnisse zur Veröffentlichung auf Wiki Leaks hochladen.

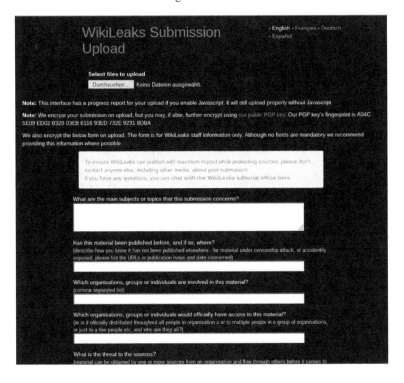

Sogar für gläubige Christen gibt es eine 'Lösung', sofern Sie denn eine Religion oder das Christentum überhaupt als 'heilbringend' ansehen möchten.

Hier der zugehörige Link:

http://lightqcszalqpquo.onion/

Auch das 'gute Darknet' hat leider seine Schattenseiten,
beziehungsweise wird versucht, solche Schatten darüber zu
werfen, um Nutzer hinters Licht zu führen und zu verunsichern.

Wie ist das zu verstehen?

Wie auch sonst überall im Darknet, werden im von mir jetzt
'guten' Netz genannten Teil auch Seiten gefälscht und Nutzer so
von den guten, brauchbaren und wertvollen Seiten weggelockt
auf die gefälschten, die wohl damit unterschiedliche Zwecke

verfolgen.

Zweck Nummer Eins wird von kriminellen Geschäftemachern angewendet, um Interessierte Nutzer zu verleiten, etwas zu bestellen, das sie dann niemals bekommen.

Zweck Nummer Zwei ist eventuell weitaus schlimmer und soll Dissidenten und andere Nutzer dazu verleiten, eventuell wichtige Daten preiszugeben, so dass bestimmte Behörden der Personen habhaft werden können. Die Geschichte des Gründers von Wiki Leaks dürfte Jedem bekannt sein und als unrühmliches Beispiel für die Willkür von Behörden stehen.

Darum noch einmal meine Warnung: Immer Vorsicht wahren und (auch auf vermeintlich sicheren Seiten) nicht unnütz Daten preisgeben! Außerdem sollten Sie

mithelfen, solche gefälschten Seiten aus dem Verkehr zu ziehen, indem Sie diese melden, wenn Ihnen etwas zu Ohren kommt.

In diesem Teil des Darknet finden sich unter anderem Domain-Services, Services für die Anonymität, Sicherheit und Umtausch.

Domain Services

■ Readable Domains ⬀ Selling readable onion domain names, use this link ⬀ to search readable onion domains and share your best finds on readable onions

Anonymity & Security

■ Mixing Services
■ Anonymity
■ Security
■ Privacy

'Ethisches Hacken' finden Sie auf den Seiten von **Code Green,** die im Namen 'einer besseren Welt' ihre Arbeit betreiben und froh um jede Hilfestellung dabei sind. Jeder kann dort nach seinen Veranlagungen und seinem speziellen Können eine (natürlich ehrenamtliche) Beschäftigung finden.

Pedora Box. Hier werden Pädophile gebrandmarkt und ihre IP-Adressen öffentlich gemacht. Es sei dahin gestellt, ob nicht manchmal auch ein Unschuldiger in dieses Netz rutscht, weil er etwa einen Computer nutzt, welcher auch von Anderen mit schlechten Absichten genutzt wird oder aus sonstigen Gründen seine IP-Adresse ins Netz kam.

PedoraBox

List of Pedophiles IP Addresses

Welcome to PedoraBox

We are very proud to share and spread real and verified IP addresses list of child pornography viewers (pictures/videos) and perverts who try to seduce teenagers and even children online in order to meet them in real life.

Our team makes a very hard every-day work to collect these IP addresses which are available here for you.

****
****

PedoraBox has no lucrative ambition.

We contribute to identify, recognize, register and monitor a lot of pedophiles, therefore, PedoraBox is a an important actor for child safety preservation.

\>> Remember the most important of all : These guys are likely not registered as sex offenders in any public database.

Don't hesitate to support our actions, make a donation :
Bitcoin 1LMFpPx4pkbksMvMTioCLDujhH5onzb6pj

MENU

- Support & Donation
- How does an IP can reveal an identity?
- IP List Access
- Add a new IP to the list
- Edit the list

PARTNERS

For LOST People:

\>>> YOUR AD HERE <<<

If you want to support our action and

Das Lelantos-Projekt. Ich erwähne Lelantos hier nur, weil immer noch allüberall viel Wesens mit diesem Projekt getrieben wird und sicher Jeder schon einmal davon gehört hat. Meiner Ansicht jedoch ist Lelantos seit 2016 herunten und nicht mehr wirklich zu erreichen. Ich lasse mich aber gern eines Besseren belehren. Lelantos bot einen anonymen E-Mail-Service an, der jedoch nicht kostenfrei war.

Ebenfalls nur der Vollständigkeit halber erwähne ich **Proton-**

Mail. Dieser Anbieter ist zwar am Netz (auch außerhalb von TOR), doch gibt es mehrere Kritikpunkte. So bleiben die Keys für die Verschlüsselung auf dem Proton-Server und eine komplette Ende-zu-Ende-Verschlüsselung ist es nicht, was Proton-Mail anbietet.

Protonmail bietet auch keine Informationen darüber, ob ein empfangender Server TLS unterstützt. Wirklich sinnvoll einsetzbar ist der Dienst nur, wenn alle Kommunikationspartner eine Protonmail-Adresse nutzen. So wie die Dinge derzeit liegen, bietet Protonmail nur Verschlüsselung in eine Richtung.

Bild: Proton-Mail

Interessant hingegen ist der Dienst von **Guerilla-Mail.** Das Fenster des Dienstes ist eigentlich selbsterklärend. Hier nur soviel: Sie können ohne Registrierung eine Mail schreiben, bekommen einen Code, der eine Stunde lang gültig ist, um eine Antwort zu erhalten. Das wars.

Bezahlung im Darknet

Bezahlt wird im Darknet (wenn denn etwas bezahlt werden muss, mit der **Krypto-Währung Bitcoin.** Für Diejenigen, welche noch nie davon hörten oder sich keine Vorstellung darüber machen können, folgende Erklärung:

Bei **Bitcoin** handelt es sich um ein weltweit verwendbares dezentrales **Zahlungssystem.** Überweisungen werden durch Zusammenschluss von Rechnern über das Internet mit Hilfe einer speziellen Peer-to-Peer-Anwendung abgewickelt, so dass keinerlei zentrale Abwicklungsstelle nötig ist. Ein Eigentumsnachweis an Bitcoin wird in einer persönlichen digitalen Brieftasche gespeichert. Der Umrechnungskurs von Bitcoin wird jeweils durch Angebot und Nachfrage ermittelt.

Erstmalig wurde dieses Zahlungssystem 2008 in einem unter dem Pseudonym Satoshi Nakamoto veröffentlichten White Paper beschrieben. Ein Jahr später wurde bereits eine Open-Source-Software dazu veröffentlicht. Einzige Bedingung für eine Teilnahme an dieser Art des Zahlungssystems ist der Betrieb eines Bitcoin-Clients, welcher auch alsOnline-Dienst genutzt werden kann. Somit gibt es keinerlei geographische Beschränkungen und kann länderübergreifend eingesetzt werden.

Mit Hilfe von kryptographischen Techniken ist sichergestellt, dass Transaktionen mit Bitcoins nur vom tatsächlichen Eigentümer vorgenommen und somit die Währungseinheiten nicht mehrmals ausgegeben werden können. Daher bezeichnet man Bitcoin auch als Kryptowährung.

Ich möchte hier einen Link zu einer guten Adresse unterbringen. Dort können Sie sich nicht nur über Bitcoin an sich weiterbilden, sondern auch die für Sie passende Software finden. Merke:

Bitcoin funktioniert nicht nur im Darknet, sondern auch im normalen Internet.

Hier der Link:

https://bitcoin.org/de/waehlen-sie-ihre-wallet

Lesen Sie in Ruhe durch, was Sie dort finden können, es ist wirklich sehr interessant und wird Ihnen mit Sicherheit weiter helfen.

Hier noch ein Foto mit zugehörigen sogenannten 'Bitcoin-Waschanlagen' im Darknet, den **'Mixing Services'.**

Mixing Services

List of mixing services:

- Bitcoin Fog ☞ - Bitcoin anonymization taken seriously
- Bitcoin Blender ☞ - Bitcoin mixing
- washbit ☞ - Serious yet simple bitcoin washing.
- TOR Wallet ☞ - Bitcoin Wallet with integrated Bitcoin Mixer.
- Laundry King ☞ - The King of Bitcoin Laundry.
- (Helix) ☞ Clean coins in 30 minutes.
- Shared Coin ☞ - Free, fast and privacy-oriented Darknet Bitcoin Mixer, any amount from 0.0001 to 50 BTC.
- AnonCoin ☞ - Clean your coins 100% anonymously! For a 0.1% fixed fee.
- Bitmixer.io ☞ - High volume bitcoin mixing service (Tor Version)
- OnionWallet ☞ - Anonymous Bitcoin Wallet and Bitcoin Laundry.
- EasyCoin ☞
- Pay Shield ☞ - Sigaint's Darknet Tumbler (down - 02/2017).

Auch hier gilt jedoch: Vorsicht walten lassen, sonst sind Sie womöglich Ihr Geld los, indem Sie es einem Ganoven anvertrauen und statt 'gewaschenem' Geld (Bitcoin) nichts zurück bekommen, sondern in den Mond schauen.

I2P Netzwerk

Trotz der Ankündigung des Tails-Projekts,zukünftig I2P nicht mehr anzuwenden, möchte ich das Projekt an dieser Stelle vorstellen. Zunächst die Erklärung bzw. Ankündigung des Tails-Perojekts:

„Änderungen

Wir bedauern sehr, dass Tails 2.11 die letzte Version sein wird, die I2P, ein alternatives Anonymisierungsnetzwerk, enthält.

Die Wartung für gut integrierte Software in Tails, beispielsweise I2P, nimmt Zeit und Aufwand in Anspruch. Unser Team ist derzeit mit anderen Prioritäten beschäftigt. Unglücklicherweise konnten wir außerhalb unseres Teams keine Entwicklerin bzw. Entwickler für die Pflege von I2P in Tails finden. Folglich ist die letzte mitgelieferte Version von I2P 0.9.25, welche derzeit fast ein Jahr alt ist.

Aber wir werden sehr froh darüber sein, I2P in Tails wiedereinzuführen, wenn wir eine Person finden, die sich freiwillig um die Pflege von I2P in Tails kümmert. Falls Sie eine Entwicklerin bzw. ein Entwickler sind und sich für I2P in Tails interessieren, könnten Sie diese Person sein! Sprechen Sie uns an!"

Ende Zitat.

I2P ist ein anonymes, pseudonymes sowie dezentrales Netzwerk,welches ohne Server auskommt.

I2P, das auf freier Software basiert, hat das Ziel, eine anonyme Schicht zur Übertragungn privater Daten zu bilden, welche resistent gegen Angriffe und Zensur ist.

Das Netzwerk selbst ist nachrichtenbasiert, bietet jedoch auch eine Bibliothek, welche die

Übertragung von Daten sowie das Streaming von Information möglich macht, wobei jegliche Datenübertragung mehrfach verschlüsselt wird. Der Datenverkehr wird über ständig wechselnde Teilnehmer sowie unterschiedliche Tunnels geleitet. So ist der eigene I2P-Router ständig mit der

Weiterleitung verschiedener verschlüsselter Datenpakete für andere Nutzer beschäftigt. Auch die

Empfangspunkte der Daten sind durch das Verschlüsselungsverfahren geschützt.

Ich möchte in diesem Kontext auf das 'Privacy-Handbuch' verweisen, dessen Link ich hier unterbringe:

https://www.privacy-handbuch.de/handbuch_50.htm

Was ist in I2P noch enthalten? Ich zitiere hier kurzerhand Wikipedia:

Susimail

I2P besitzt einen kostenlosen, pseudonymen E-Mail-Dienst, der von „Postman" gehostet wird. Susimail wurde entwickelt, um Sicherheitslücken traditioneller E-Mail-Clients zu vermeiden. Diese Clients geben beispielsweise Auskunft über die tatsächliche Identität des Benutzers und gefährden somit die Anonymität.

I2P-Bote

I2P-Bote ist ein Ende-zu-Ende verschlüsseltes, netzwerkinternes und völlig dezentrales, serverloses E-Mail-System. Es unterstützt das Erstellen und Verwenden verschiedener Identitäten und filtert die Mail-Header so, dass nur die wirklich notwendigen, nicht-identifizierenden Headerbestandteile verwendet werden (diese sind dann aber ebenfalls verschlüsselt). Diese Anwendung ist noch im Alpha-Stadium, befindet sich aber in aktiver Entwicklung. Derzeit kann man sie über das Webinterface benutzen, aber für die Zukunft ist POP3- Unterstützung geplant, sodass es mit jedem gängigen E-Mail-Programm verwendet werden kann. I2P-Bote bietet zusätzlich noch einen high-latency transport ähnlich wie mixmaster oder mixminion an, der eine noch stärkere Anonymität bieten soll. I2P-Bote ist somit auch als Remailer zu bezeichnen. Der ursprüngliche Autor bzw. Absender der Bote-Mail kann schon längst wieder offline sein, wenn die Bote-Mail bei den sie

speichernden Knoten ankommt. Aber für all jene, die ein schnelles Versenden ihrer Bote-Mails bevorzugen, wird die zügige, nicht über viele andere Rechner weitergeleitete (außer natürlich über I2P) und verzögerte Methode des Versendens weiterhin bestehen bleiben. Jeder Benutzer kann selbst entscheiden, wie viel Anonymität und wie viel Geschwindigkeit er haben will.

Da alle Bote-Mails automatisch Ende-zu-Ende verschlüsselt werden, ist der Inhalt der Mail an keiner Stelle als Klartext lesbar, außer bei Absender und Empfänger selbst. Damit entfällt die Notwendigkeit, die bei normalen E-Mail-Systemen (und somit auch bei Susimail) noch besteht, sich selbst separat um die Verschlüsselung und Authentifizierung der E-Mails kümmern zu müssen, wenn man nicht will, dass beispielsweise der Betreiber des E-Mail-Servers den Inhalt der E-Mails lesen kann.

Aufgrund dessen, dass I2P-Bote völlig dezentral ist, gibt es natürlich auch keinen solchen Mailserver der verschiedene anonyme Identitäten miteinander in Verbindung bringen könnte (Stichwort: Profiling): Selbst die weiterleitenden und speichernden Rechner kennen weder den realen Absender noch dessen pseudonyme E-Mail-Adresse, und ausschließlich der letzte Knoten der 'high-latency' Mailrouten und die speichernden Rechner kennen überhaupt die anonyme Empfängeradresse. Und selbst für sie bleiben Betreff, Datum etc. uneinsehbar.

I2P-Messenger

Seit Anfang 2008 gibt es ein Programm für Instant Messaging. Es basierte zunächst auf der .NET-Technik, wurde dann jedoch völlig umgeschrieben und ist nun als ein auf Qt basierender I2P-Messenger erhältlich. Der I2P-Messenger verbindet sich direkt (also ohne Zuhilfenahme eines zentralen Servers) über den lokalen I2P- Router mit dem Gesprächspartner. Beide Kommunikationspartner können also völlig anonym füreinander sein.

Man kann den I2P-Messenger jedoch auch zum Umgehen der Vorratsdatenspeicherung und zur abhörsicheren, untraceable Kommunikation mit Freunden, Bekannten, Kollegen oder Geschäftspartnern nutzen. Da sämtliche Kommunikation über I2P geht, kann selbst der Internet Service Provider nicht feststellen, mit wem man eigentlich kommuniziert hat. Die Inhalte sind von Ende zu Ende verschlüsselt, und es gibt auch, wie oben erwähnt, keinen Server, über den sämtliche Kommunikation abgewickelt würde, der dann statistische Daten sammeln könnte. Die Entwicklung befindet sich derzeit noch in der Beta-Phase, aber er ist durchaus schon alltagstauglich, jedoch gibt es keine offline messages. Ab der kommenden Version unterstützt I2P-Messenger auch die Suche nach Benutzernamen oder Interessen.

Für die ganz Wissbegierigen zum Abschluss noch ein Bild zu **TOR-Metrics :**

Welcome!

What would you like to know about the 💭 Tor network?

Users

Where Tor users are from
and how they connect to
Tor.

Servers

How many relays and
bridges are online and
what we know about them.

Traffic

How much traffic the Tor
network can handle and
how much traffic there is.

Der Autor

'Herr Meier' hat eigentlich alles, was er weiß,
von Frau Meier gelernt – und Frau Meier ist in

Wahrheit ein Mann.
Wer mehr wissen möchte, möge den
Dachdecker seines Vertrauens fragen, denn hier
wissen Arzt und Apotheker auch nicht
Bescheid…